1902 (Décembre 17)

VENTE

DU

MERCREDI 17 DÉCEMBRE 1902

HÔTEL DROUOT, SALLE N° 6

à 3 heures

AQUARELLES

PAR

J.-B. JONGKIND

Me PAUL CHEVALLIER

COMMISSAIRE-PRISEUR

10, rue de la Grange-Batelière, 10

M. GEORGES PETIT

EXPERT

12, rue Godot-de-Mauroi, 12

AQUARELLES

PAR

J.-B. Jongkind

CONDITIONS DE LA VENTE

Elle sera faite au comptant.

Les acquéreurs paieront *dix pour cent* en sus des prix d'adjudication.

Paris. — Imp. Georges Petit, 12, rue Godot-de-Mauroi. — 12444-02.

CATALOGUE

DE

45 AQUARELLES

PAR

J.-B. JONGKIND

DONT LA VENTE AURA LIEU

HOTEL DROUOT, Salle n° 6

Le Mercredi 17 Décembre 1902

A TROIS HEURES

COMMISSAIRE-PRISEUR	EXPERT
M° PAUL CHEVALLIER	**M. GEORGES PETIT**
10, rue Grange-Batelière	*12, rue Godot-de-Mauroi*

PARIS

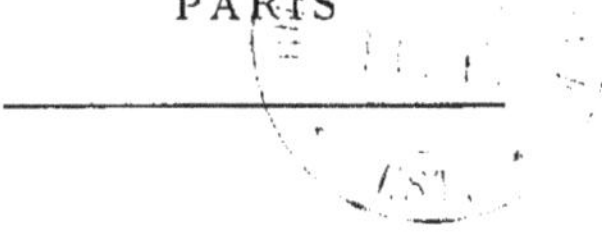

EXPOSITIONS

PARTICULIÈRE	PUBLIQUE
Le Lundi 15 Décembre 1902	*Le Mardi 16 Décembre 1902*

DE 1 HEURE 1/2 A 5 HEURES 1/2

INTRODUCTION

I

Il y a quelques années, au lendemain de la mort de Jongkind, lorsque dut se consommer, pour la liquidation de son héritage, la dispersion des œuvres et des études conservées en son atelier, ses héritiers voulurent bien me demander d'écrire une notice sur le maître. Ce n'est point mon habitude de rédiger des préfaces à l'intention des catalogues de peintures offertes au public. Pourtant je crus, dans la circonstance, pouvoir sortir de ma réserve, et même le devoir. J'avais personnellement frayé avec Jongkind à une époque où il ne frayait guère avec personne ; je l'avais toujours considéré comme un paysagiste de haute race, intimement original, et, mieux encore, j'envisageais en lui l'un des plus immédiats initiateurs de notre nouvelle école de peintres de paysages. Sa nature étrange, un peu farouche, mais droite, entière et généreuse, m'avait attiré et attaché. Alors que tant d'autres, qui ne le valaient en rien, cherchaient sans relâche les aventures de publicité, lui ne semblait avoir souci que de les fuir. Maintenant qu'il n'était plus, on ne songeait pas à ménager à sa mémoire l'ordinaire bénéfice d'une de ces expositions posthumes officielles susceptibles de mettre d'un seul coup une belle individualité en tout son jour. Rien ne me paraissait donc plus intéressant et plus juste que de saisir l'occasion de résumer sa vie, de qualifier son talent, ses tendances, son influence efficace et demeurée mystérieuse, de marquer, enfin, son rang légitime parmi les meilleurs artisans de notre renaissance esthétique de la fin du XIXe siècle. Et c'est ce que j'essayai de faire très sincèrement et très simplement.

Jongkind, à vrai dire, n'avait jamais été un méconnu. De bonne heure, certains amateurs indépendants étaient venus à son indépendance et ils lui restèrent fidèles ; mais, négligent de tout ce qui n'était pas son art, il se condamna lui-même à être négligé. Comme on pouvait le prévoir, sa renommée, depuis qu'il a disparu, n'a cessé de s'accroître. Après le vif éclat de la vente de son atelier, plusieurs manifestations, toutes à son honneur, ne manquèrent pas de se produire. Au mois d'avril 1898, un choix d'aquarelles de sa façon, réunies dans une galerie de la rue Laffitte, ravit les connaisseurs. Le 28 avril de l'année suivante, seize de ses peintures et vingt-huit de ses aquarelles, composant une collection particulière, suscitèrent, à l'Hôtel Drouot, de chaudes enchères significatives. Un mois plus tard, cent trente-et-un tableaux et quarante-trois aquarelles se groupaient de nouveau, rue Laffitte, en une importante exposition [1]. Ainsi le cercle des admirateurs de l'artiste allait s'élargissant. On commençait à comprendre que ses œuvres dénonçaient à la fois une personnalité fortement accentuée et le point de départ d'une évolution picturale typique. Par la suite, nous en avons vu des séries notables, longtemps aux mains des anciens acheteurs amis du maître, se révéler et se diviser; mais ces occurrences ont fini par s'épuiser tout à fait.

Je me trompe : une collection de quarante-cinq aquarelles, la plupart inconnues, dont pas une n'est indifférente et dont quelques-unes sont de purs chefs-d'œuvre, était demeurée dans l'ombre. Voici qu'elle sort de son secret, hélas! pour se morceler à son tour. L'avenir sera privé de tels ensembles, désormais à peu près impossibles à constituer. Je profite, en conséquence, de la conjoncture inattendue et, sans doute, absolument terminale, pour rendre au brillant artiste un hommage suprême, suivant le désir qui m'a été exprimé et suivant ma conviction la plus nette, dans les conditions définitives créées à l'art d'un maître par la consécration du temps.

1. Indiquons ici, à titre documental, ce qui touche à ces manifestations : 1° L'Exposition d'aquarelles de Jongkind, en 1898, fut ouverte Galerie Laffitte, 20, rue Laffitte, du 14 au 30 avril; 2° La vente du 28 avril 1899 fut faite à l'Hôtel Drouot par M. Paul Chevallier, commissaire-priseur, assisté de M. Georges Petit, expert; elle produisit 102.490 francs; 3° L'Exposition de 131 tableaux et 43 aquarelles eut lieu en mai 1899, Galerie Durand-Ruel.

II

Il me souvient de ma première visite à Jongkind, à Paris, rue de Chevreuse. Le logis était fort petit et plus que modeste, peu meublé, médiocrement ordonné. Çà et là, des études non encadrées s'accrochaient aux murailles; mais, surtout, de grands cartons, entassés à terre, laissaient déborder à l'abandon de magnifiques aquarelles. Le peintre prenait et jetait sur la table, en lourds paquets, ces feuilles exquises, qu'il me montrait pêle-mêle, en riant et s'amusant beaucoup de l'attention respectueuse dont je les considérais. Toutefois, il était visible qu'il y tenait infiniment, — en quoi, certes, il avait raison. La diversité des sites, des milieux, des colorations, des effets, en renouvelait à tout coup la magie et le charme. C'étaient là ses documents à consulter, ses notes, ses références de partout. Des vues de Hollande fraternisaient avec des vues de Paris; des paysages de nos provinces s'évoquaient et donnaient la réplique à de curieux intérieurs de villes et de bourgades. Bien que l'artiste aimât de visible prédilection les bords de la mer et des fleuves navigables, sa fantaisie ne se refusait à la séduction d'aucune rencontre pittoresque. Parfois, une simple perspective de grande route, une maison écartée, un naïf bouquet d'arbres l'avaient arrêté au passage, et il s'était plu à retracer une heure de la vie de la nature et de sa propre vie d'instinctif rêveur autour de ses humbles motifs. Son pinceau transcrivait en abréviations décisives l'intensité d'un rayon, la diffusion des lumières mouillées, la fuite des nuages sous le fouet du vent, le clapotis des eaux, les reflets sur la neige, les bizarreries d'un clair de lune, les physionomies instantanées du réel, les états changeants de l'atmosphère. Chaque sujet était construit d'un dessin ferme, hardi et prompt, animé de tons frais et forts, en valeurs logiquement et largement distribuées, traité sans l'ombre d'une formule, de primordiale initiative et, pour ainsi dire, « à grande eau ». Ce qui me frappait par-dessus tout à travers les recherches les plus dissemblables, c'était l'affirmation continue d'une âme essentiellement néerlandaise. Le paysagiste s'était livré aux hasards du chemin, mais il n'avait rien vu, rien senti qu'en Hollandais, et le caractère originel de son talent assurait à son œuvre une typique unité.

En effet, Johann-Barthold Jongkind, né et grandi aux Pays-Bas, eut beau s'éloigner de sa terre natale, le génie de sa race vécut toujours en lui en toute sa vigueur. Il avait de ses illustres devanciers la passion de la liberté sans réserve, l'insurmontable dédain de l'apparat, le mépris total du *qu'en dira-t-on,* le goût des déplacements silencieux à la poursuite de sensations imprévues, le zèle de la vérité surprise et la profondément intuitive intelligence de son métier. Nul ne fut jamais moins préoccupé des matérialités de l'existence. Pourvu qu'il eût de quoi peindre, il était joyeux. Où qu'il s'arrêtât et quoi qu'il peignît, il lui convenait de s'isoler et d'échapper aux regards. Ses œuvres nous attestent qu'il a travaillé à Haarlem, à Rotterdam, à La Haye, à Schiedam, à Leyde, à Utrecht, à Bréda, à Anvers, à Bruxelles, à Paris, à Rouen, à Nevers, à Lyon, à Avignon, à Grenoble, à La Ciotat, à Marseille, à Toulon... A l'occasion, il a inscrit une date et un nom de lieu auprès de sa signature. En fait, que saurions-nous de ses voyages sans les témoignages peints qu'il nous en a légués? En tout parage, son unique plaisir fut de fixer à sa manière ce qui lui était apparu des données locales dans la grouillante ambiance du monde, dans la vie sensible des éléments et des choses, conformément à ses dispositions intimes et à l'aide de la technique la plus libre de préjugés. Peu lui importaient les modes et les habitudes. Des traditions, il ne soupçonnait que celles qui étaient dans son instinct. Ses procédés se modifiaient constamment selon la particularité de ses observations. Il vivait à ce point imprégné de nature, tellement nourri de ses constatations, que même lorsqu'il lui advenait de peindre de souvenir, ses peintures avaient tout l'accent, tout le primesaut des ouvrages exécutés sur place.

En arrivant à Paris, vers 1850, le sort le fit élève d'Isabey. Le rapprochement lui eût été fâcheux si son tempérament robuste, sa droite et saine simplicité, ne l'eussent gardé des arrangements factices et des tons papillotants ; mais le romantisme capricieux de son maître prit sur lui peu d'action. On peut alléguer que la curiosité de certains aspects de villes ou de villages aux vieilles architectures singulières, dont ses aquarelles d'une *Ancienne rue à Rouen* et de la *Vieille Droguerie à Avignon* fournissent ici des spécimens, lui est, probablement, venue d'Isabey. On se rappellera aussi les personnages à taches vives semés en quelques-unes de ses toiles. Je citerai, par exemple, les figurines égayées de notes rouges et bleues embarquées sur un bateau au premier plan de son tableau du *Port de Rotterdam,* daté de 1856 et qu'on remarquait, en 1899, à l'exposition de la rue Laffitte[1]. Il est incontestable que le jeu du pinceau en maints détails faisait penser aux pratiques du pétulant ami de Bonington. Seulement, Jongkind ne subit cette influence qu'accessoirement et sans diminution de soi-même. La force de son tempérament, jointe à la rectitude de sa sincérité, le porta à des conceptions bien autrement franches et vibrantes du monde extérieur. Ses *Rues,* ses *Marchés,* ses *Plages,* ses *Ports,* ses *Berges,* ses *Moulins,* aux aspects familiers, aux piquants et contrastés éclairages, servirent de modèles à de fins artistes comme Boudin et Lépine. Mais il faut dire plus : ce qu'on a nommé l'*impressionnisme* émergeait positivement de ses tentatives, à l'état de vision personnelle, sinon de doctrine. Dès 1864, il signait un *Bord de la Seine à Argenteuil,* d'une largeur d'interprétation, d'une pureté de ton et d'une richesse d'enveloppe toutes nouvelles, obtenues par les procédés en apparence les plus simples[2]. L'admi-

1. Ce *Port de Rotterdam* portait, au catalogue, le n° 21.

2. Ce tableau portait le n° 56 au catalogue de l'exposition précitée, en mai 1899.

rable aquarelle du même *Bassin d'Argenteuil,* gravée au présent catalogue sous le n° 11, me ramène au souvenir de cette peinture si fraîche, si probante à tous égards. Les deux œuvres sont sœurs et nées à trois ans d'intervalle. La plus récente porte la date de 1869. Voilà donc où en était Jongkind avant 1870, quand Manet se tourmentait encore à imiter les Franz Hals et les Goya, et quand M. Claude Monet cherchait sa voie. L'école impressionniste proprement dite n'a pris son essor qu'après la guerre. Le maître nomade a devancé tous les novateurs et préparé leur mouvement vers le plein air.

J'ai fait allusion, tout à l'heure, à sa profonde intelligence de son métier. A tout coup, ses moyens se modifiaient pour mieux se prêter aux impressions différentes. Ses touches s'étalaient fondues et grasses, ou bien elles se hachaient, se heurtaient, se juxtaposaient en pâtes plus sèches où ne tardaient point à se cristalliser les couleurs. Les tons harmoniques étaient opposés et rompus pour jouer les uns sur les autres. D'ailleurs, ni affectations, ni bravades, ni déformation de lignes, ni décompositions tonales soulignées. Aux inspirations de l'instinct s'ajoutaient, pour Jongkind, les leçons de la longue expérience, devenue une science authentique. Sous leur air d'impromptu, combien de ses tableaux dissimulent un travail patient et médité ! C'était une de ses maximes qu'on doit peindre en tenant compte de toutes les altérations naturelles des substances colorées, c'est-à-dire disposer ses harmonies en telle sorte que l'action du temps les puisse parachever, mais non corrompre. D'un *Coucher de Soleil* qu'il avait intentionnellement poussé au jaune et au rouge, il disait : « On verra dans dix ans la vraie lumière que j'ai voulu mettre ici. » La vérité est que la toile a pris, avec les années, un éclat d'or rougeoyant d'un rayonnement superbe.

III

Le propre des aquarelles du maître, c'est leur saisissant caractère de premier jet. Rarement l'effort s'y laisse deviner. Le crayon a rapidement et sûrement distribué les plans du paysage et tracé les formes essentielles : le pinceau a lavé ensuite les surfaces et précisé les accidents. La couleur est vigoureuse, jamais épaisse, toujours transparente. Çà et là des nuages qui roulent ont été notés cursivement, en leur fuite, d'un simple contour. Par exception, le crayon de travail est revenu nerveusement jeter quelques libres hachures, quelques indications supplémentaires que l'artiste voulait retenir et qu'il marquait pour lui seul. Le plus souvent, l'ensemble s'est dégagé d'emblée, d'une pureté parfaite. La sensation d'un état particulier de la nature domine tout et si vivement, je le répète, qu'on se croirait en présence d'études directes, dans les cas même où le peintre s'est abandonné à ses souvenirs. Nous savons, par exemple, que Jongkind a plus d'une fois évoqué, par exemple, des paysages de son pays, comme en des minutes d'attendrissement.

Ces diverses observations pourront être aisément

vérifiées dans la collection des quarante-cinq aquarelles décrites et reproduites en partie ci-après. Leur suite nous promène de la Hollande à la Méditerranée, en passant par la Belgique et par Paris, et en revenant vers Narbonne. Nous avons donc là une revue complète de la géographie pittoresque de Jongkind. L'exécution de tant de morceaux s'est échelonnée sur une longue période de son existence. Plusieurs sont antérieurs à 1870, comme la *Vieille Rue, à Rouen,* qui remonte à 1862 ; le *Port de Honfleur,* peint en 1864 ; le *Trois-Mâts sur l'Escaut,* en 1867 ; le *Bateau de foin à Dordrecht,* et ce chef-d'œuvre déjà salué plus haut, la *Seine à Argenteuil,* en 1869... C'est, pourtant, entre 1872 et 1888 que s'espacent, ici, les pages les plus nombreuses. La *Route de Sainte-Parise* est de 1872, le *Port de Marseille* de l'année suivante, la série des paysages de *Virieu* de 1877, les *Balayeurs de neige à Paris* de 1879, la *Rade de Toulon* de 1884, les *Patineurs en Hollande* de 1888... Jongkind se montre, à travers tant d'années vécues et d'impressions reçues, étonnamment fidèle à lui-même, en constante et merveilleuse possession de son art. Rien de plus foncièrement original que ses notations, où sa verve à tout coup se renouvelle en l'inépuisable beauté de la terre. Au rang des plus précieuses, je mentionnerai encore, avec celles ci-dessus énumérées, l'*Ancienne Droguerie à Avignon,* le *Bateau-lavoir au pont Notre-Dame à Paris,* le *Tour-de-ville à Narbonne,* le *Canal à Bruxelles,* le *Brick sur la Meuse...* Mais de telles nomenclatures importent peu. Le maitre, à des moments distincts, sous des sensations changeantes, a mis en chacune de ses œuvres des traits de personnalité dont il serait nécessaire de faire la somme et je ne peux que conclure.

Johann-Barthold Jongkind, peintre de naissance et d'âme hollandaises, fut, chez nous, l'initiateur d'une évolution féconde et rationnelle. C'est à bon droit qu'on l'admire, et l'admiration de l'avenir lui est assurée, tant à cause de la valeur de ses ouvrages que du rôle actif qu'il a joué en France, comme sans le savoir. Ignoré de ses compatriotes, on peut le proclamer le dernier des grands paysagistes de la Hollande. Tardivement célèbre en notre pays, où il développa son talent, nous sommes en droit aussi de le revendiquer comme un des maitres novateurs de l'École française dans la seconde moitié du XIXe siècle.

L. DE FOURCAUD.

25 septembre 1902.

Jongkind

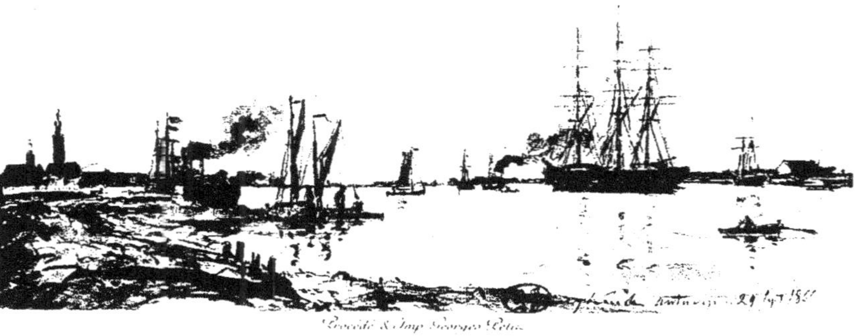

Procédé & Imp. Georges Petit

Trois-mâts sur l'Escaut

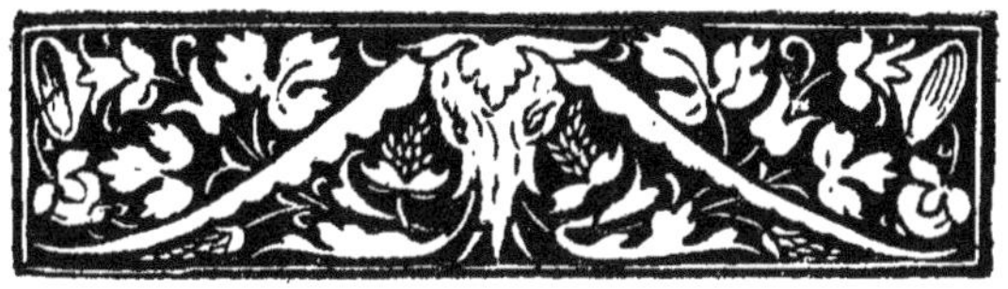

DÉSIGNATION

AQUARELLES

JONGKIND

1 — *Trois-Mâts sur l'Escaut.*

A gauche, les clochers de deux églises se découpant dans le ciel ; puis, la grève où sont amarrés quelques bateaux et barques.

A droite, un trois-mâts, précédé d'un remorqueur, s'apprête à prendre le large.

Signé à droite, en bas, et daté : *1866.*

Haut., 23 cent.; larg., 41 cent.

JONGKIND

2 — *Brick sur la Meuse, à Dordrecht.*

Sur la Meuse, aux eaux verdâtres, que ride à peine une brise légère, un brick à la coque noire, aux mâts chargés de cordages, les voiles carguées, s'avance lentement, suivi d'une barque de pêche à la voile jaune, tandis que tout autour du gros bâtiment évoluent quelques embarcations montées par de nombreux rameurs.

Au fond, la ville de Dordrecht, puis à droite, à l'horizon, un autre brick amarré à quai.

A gauche, en bas, timbre de la vente.

Haut., 31 cent.; larg., 47 cent.

Jongkind

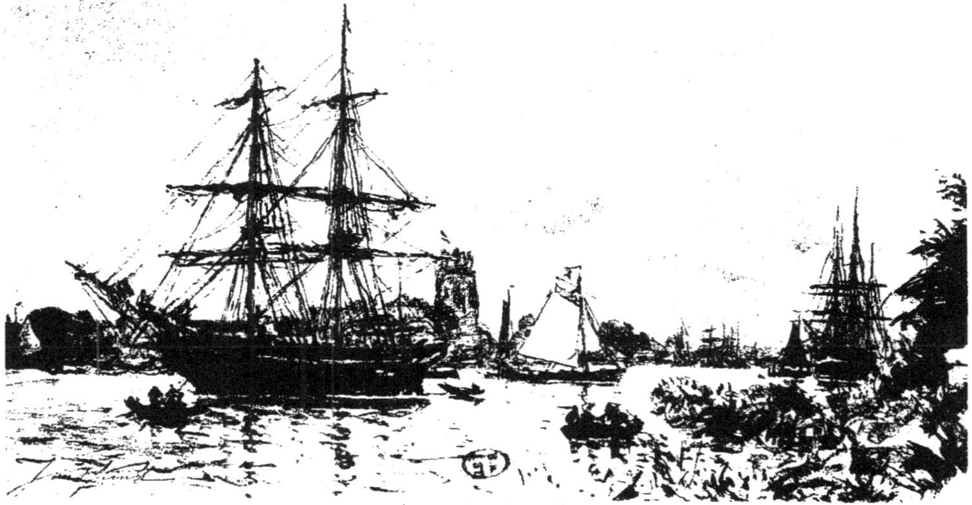

[illegible] sur la Meuse à Dordrecht

JONGKIND

3 — *Le Char de bœufs.*

A gauche, quelques maisons aux toits de tuiles ; à droite, au pied d'une petite colline, un grand mur d'un jardin dont on aperçoit les arbres ; au milieu de la route, un char attelé de deux bœufs conduits par un paysan.

Signé à droite, en bas.

Haut., 16 cent.; larg., 25 cent.

JONGKIND

4 — *Le Port de Marseille.*

Dans les eaux frémissantes du port sont amarrés de nombreux bâtiments, dont les mâtures puissantes s'élancent dans le ciel bleu; des barques, montées par de robustes rameurs, sillonnent la rade.

A droite, on aperçoit dans la brume la silhouette de Notre-Dame-de-la-Garde; à gauche, les quais, dont les maisons disparaissent à moitié derrière une forêt de mâts.

Signé à gauche, en bas, et daté : 27 *sept. 1873.*

Haut., 24 cent., larg., 47 cent.

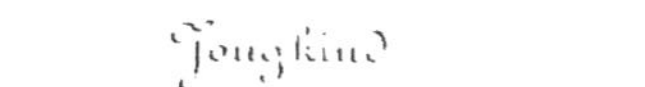

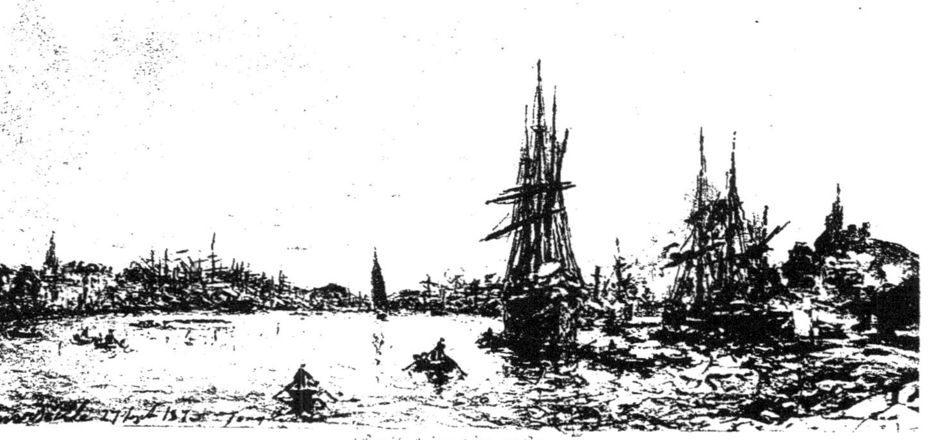

Le Port de Marseille

JONGKIND

5 — *Les Patineurs.*

Sur le canal glacé, trois patineurs s'avancent, tandis que tout autour d'eux, l'hiver a déposé sur la campagne, un blanc manteau de neige.

Signé à droite, en bas, et daté : *1888.*

Haut., 16 cent.; larg., 25 cent.

JONGKIND

6 — *Canal à Bruxelles.*

Sur le bord du canal s'élèvent de hautes maisons grises, d'aspect sévère, avec de nombreuses croisées percées dans les façades ; puis, d'autres maisons aux toits rouges forment la suite des quais.

A gauche, un bateau à la coque brune, à la proue verte, est arrêté.

A gauche, une barque aux voiles blanches s'apprête à quitter le bord.

Signé à droite, en bas.

Haut., 27 cent. ; larg., 38 cent.

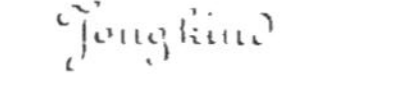

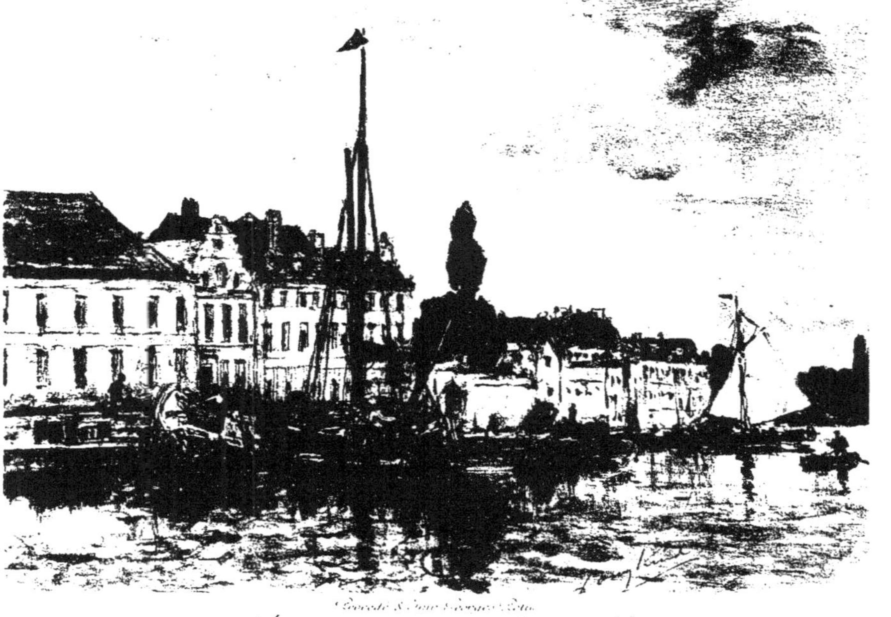

Un Canal à Bruxelles

JONGKIND

7 — *La Route du moulin de Virieu.*

Au premier plan, longeant le canal dont les eaux bleues reflètent l'azur du ciel, la route serpente, tandis qu'à gauche, s'élève une colline dout les cultures variées offrent une chatoyante gamme de tons verdoyants.

Signé à gauche, en bas, et daté : *30 Sept. 1877.*

Haut., 18 cent.; larg., 35 cent.

JONGKIND

8 — *Sortie du port d'Anvers.*

Deux gros bateaux de pêche, l'un toutes voiles dehors, l'autre les voiles carguées, s'apprêtent à franchir la passe, malgré le gros temps que l'on sent poindre à l'horizon.

A droite, le quai, puis le commencement des docks d'Anvers.

Signé à droite, en bas.

Haut., 20 cent.; larg., 35 cent.

Jongkind

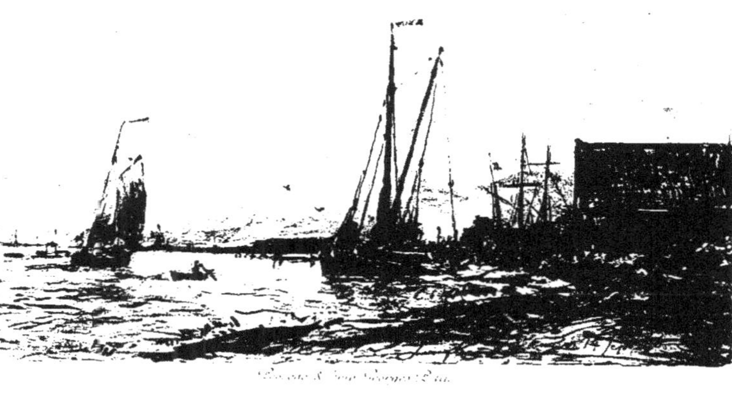

Sortie du port d'Anvers par un gros temps

JONGKIND

9 — *Un Polder en Hollande.*

A gauche, bordant le polder dont les bords sont couverts d'une herbe rare, s'élèvent, coiffées de toits de tuiles, de nombreuses chaumières aux parois de planches.

A droite, un pont de bois, puis, derrière, de grands arbres dont les vertes silhouettes se découpent dans le ciel azuré.

A gauche, en bas, timbre de la vente.

Haut., 24 cent.; larg., 42 cent.

JONGKIND

10 — *Le Tour de ville, à Narbonne.*

La vieille cité dresse, dans le ciel gris, ses constructions d'aspect sévère.

A droite, sur la route, au pied d'un arbre, des muletiers sont arrêtés.

A gauche, une rivière au-dessus de laquelle un pont rustique cintre son arche ; puis, les maisons aux toits rouges dominés par les tours d'une église cathédrale.

Signé à droite, en bas. et daté : *26 sept. 1880.*

Haut., 20 cent.; larg., 46 cent.

Jongkind

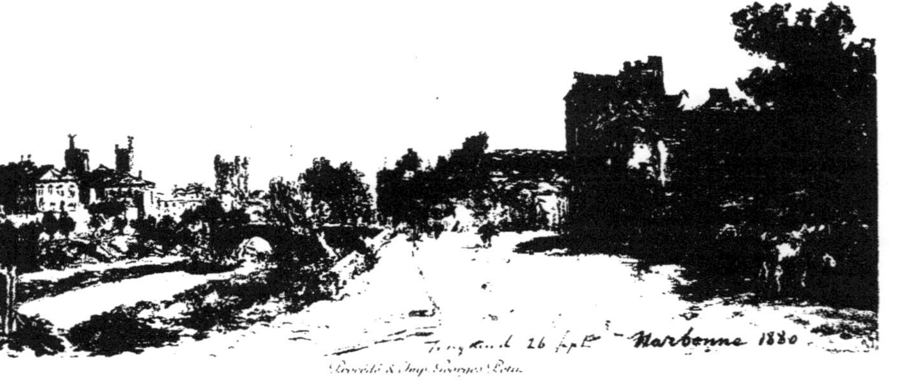

Procédé & Imp. Georges Petit

La Tour de ville à Narbonne

Jongkind

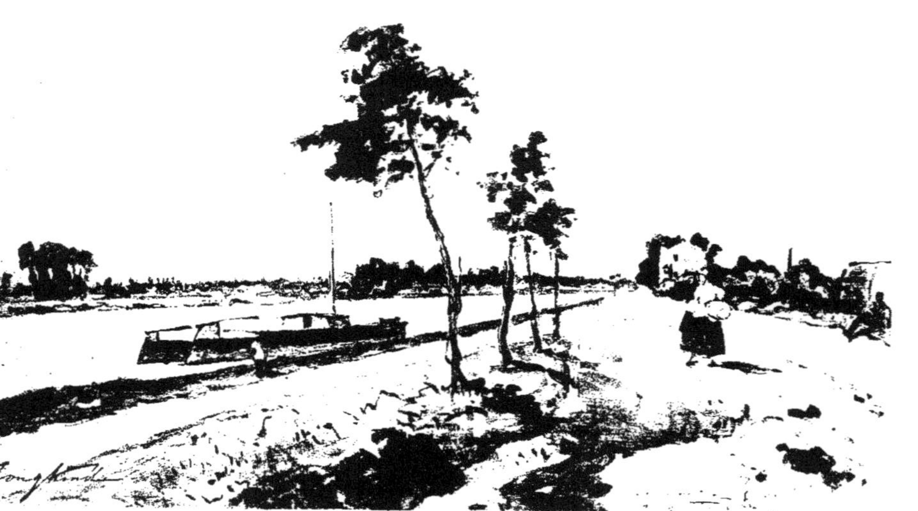

La Seine à Argenteuil

JONGKIND

11 — *La Seine, à Argenteuil.*

A gauche, la Seine déroule son ruban argenté que bordent quelques bouquets d'arbres; à droite, sur le chemin de halage planté d'arbres maigres, passe une femme à corsage blanc portant un panier.

A gauche, en bas, timbre de la vente.

Haut., 30 cent.; larg., 46 cent.

JONGKIND

12 — *Bateaux lavoirs au pont Notre-Dame.*

Sur la Seine, au pied du pont Notre-Dame, sur lequel passent omnibus et piétons, sont amarrés de nombreux bateaux-lavoirs, que rattachent à la rive des chaînes et des cordages.

Au fond, à gauche, la silhouette du Palais de Justice et des tours de la Conciergerie, puis le dôme du Tribunal de commerce, et, sur tout cela, un ciel qui se dore des derniers rayons du soleil couchant.

A gauche, en bas, timbre de la vente.

Haut., 27 cent.; larg., 48 cent.

Jongkind

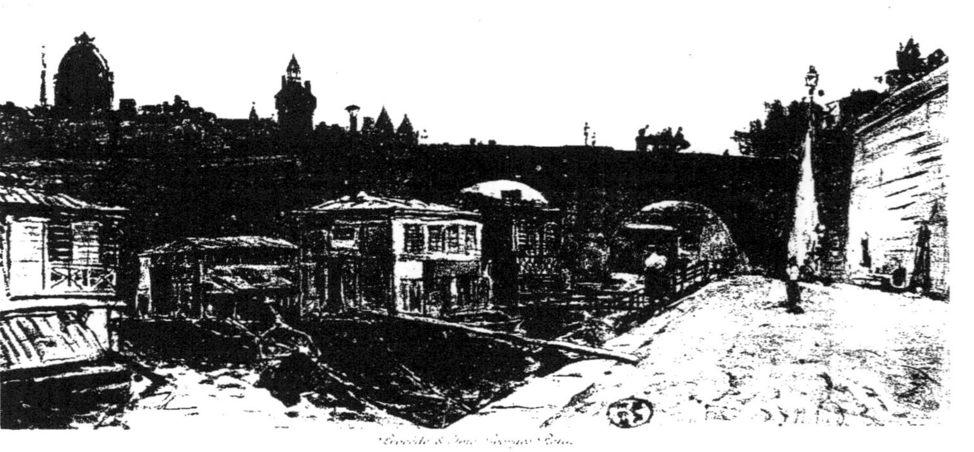

Bateaux lavoirs au Pont Notre Dame

JONGKIND

13 — *Barques de pêche sur l'Escaut au coucher du soleil.*

Deux grands bateaux de pêche, aux voiles brunes, vont rentrer au port, tandis que le soleil disparait à l'horizon, derrière des nuages qu'il dore de ses derniers rayons.

Signé à gauche, en bas.

Haut., 20 cent.; larg., 30 cent.

JONGKIND

14 — *Le Port de Honfleur.*

Au premier plan, la jetée s'avance comme un coin dans le port qu'elle partage en deux bassins.

A gauche, les maisons du quai avec un bateau à vapeur.

A droite, des navires de pêche aux voiles carguées se balancent sur les eaux glauques du port.

Au fond, un sloop à la coque noire s'avance.

Signé à droite, en bas.

Haut., 27 cent.; larg., 45 cent.

Jongkind

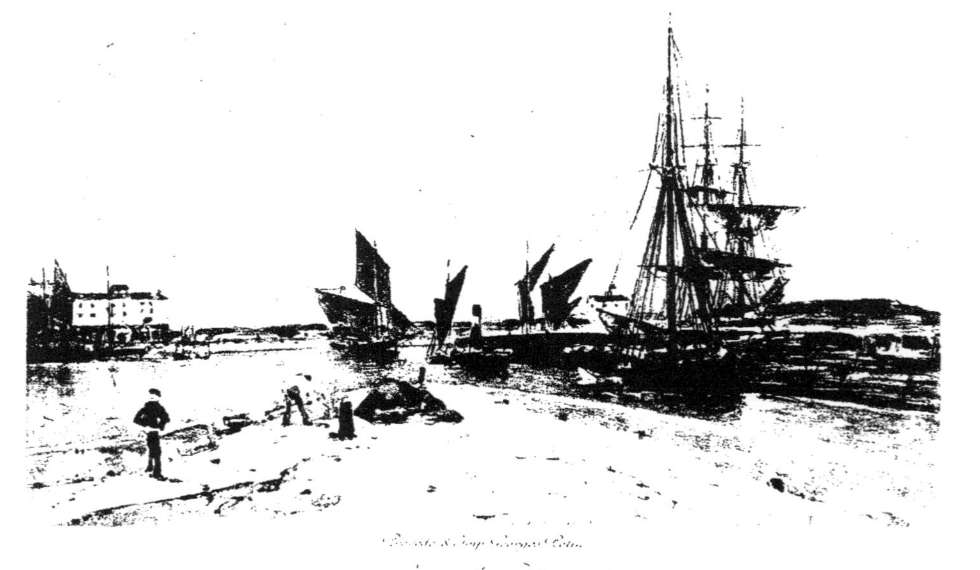

de Honfleur

JONGKIND

15 — *Le Bouquet d'arbres.*

Ombrageant la route, bordée à droite par un long mur gris, un bouquet d'arbres étend ses verts rameaux qui se découpent dans l'azur du ciel.

Signé à gauche, en bas.

Haut., 32 cent.; larg., 25 cent.

JONGKIND

16 — *Bateau de foin sur la Meuse, à Dordrecht.*

Sur les eaux tranquilles du fleuve, au pied d'un bouquet d'arbres dont les troncs se profilent dans le ciel gris, un bateau de foin est arrêté. A droite, sur la rive, une construction à toit rouge s'élève, à moitié cachée par quelques arbres au feuillage ténu.

A gauche, en bas, timbre de la vente.

Haut., 28 cent.; larg., 44 cent.

Jongkind

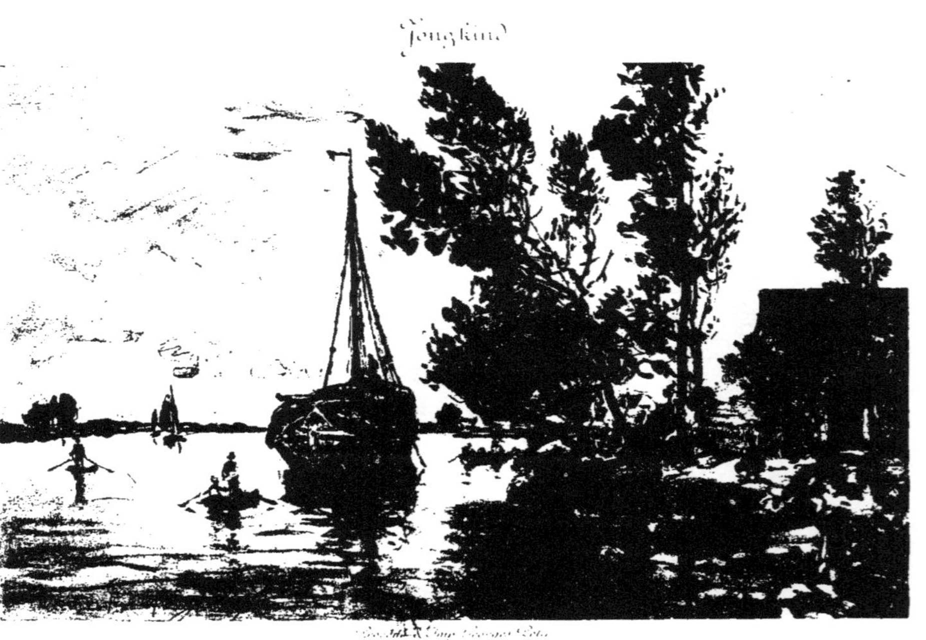

Bateau de foin sur la Meuse à Dordrecht

JONGKIND

17 — *Une Route, aux environs de Grenoble.*

A droite, la route dont les arbres aux rameaux dénudés se découpent dans le ciel gris ; à gauche, la campagne que borde à l'horizon une chaine de montagnes azurées.

Signé à droite, en bas, et daté : *1888.*

Haut., 15 cent. ; larg., 25 cent.

JONGKIND

18 — *La Route, à Saint-Parize.*

La route dessine un coude, tandis qu'à droite quelques maisonnettes s'élèvent au bord du chemin. A gauche, une masure, puis quelques arbres ; enfin, au fond, une ligne de collines se découpant énergiquement sur le ciel où courent de gros nuages gris.

A gauche, en bas, timbre de la vente.

Haut., 25 cent.; larg., 48 cent.

Jongkind

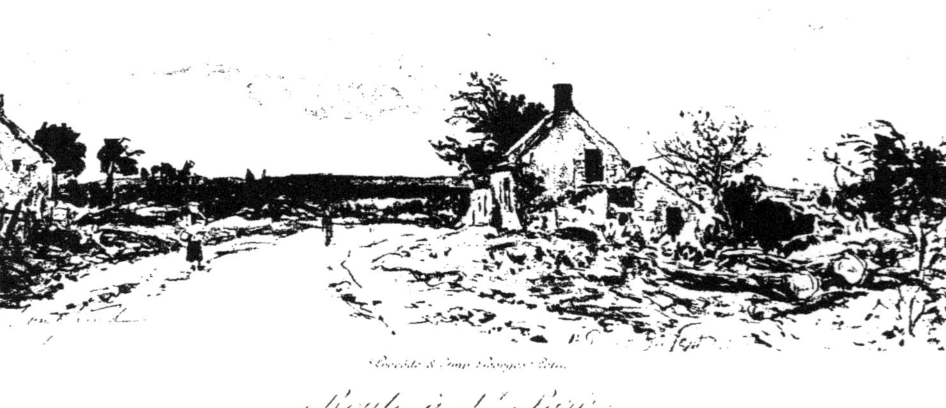

Route à St Parize

Jongkind

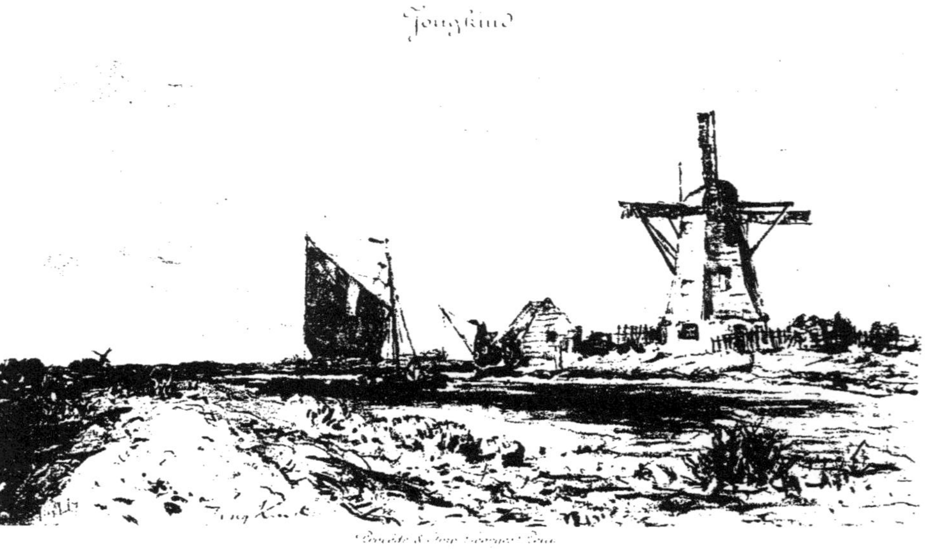

Moulin près d'un canal en Hollande

JONGKIND

19 — *Moulin près d'un canal en Hollande.*

A droite, un moulin dont les ailes couvertes de toiles tournent au vent qui balaye au ciel de gros nuages gris.

A ses pieds coule un canal aux eaux bleutées sur lesquelles s'avance une barque à la voile jaune gonflée par la brise.

A gauche, enfin, une rive gazonnée où paissent quelques vaches noires.

Signé à gauche, en bas.

Haut., 24 cent.; larg., 46 cent.

JONGKIND

20 — *La Ciotat.*

A gauche, la Méditerranée aux eaux bleues, dont les vagues viennent se briser en blanche écume sur le sable du rivage ; à droite, les maisons de la petite ville, puis, au fond, une masse imposante de rochers aux tons violacés.

Signé à gauche, en bas, et daté : *1880.*

Haut., 25 cent.; larg., 48 cent.

Jongkind

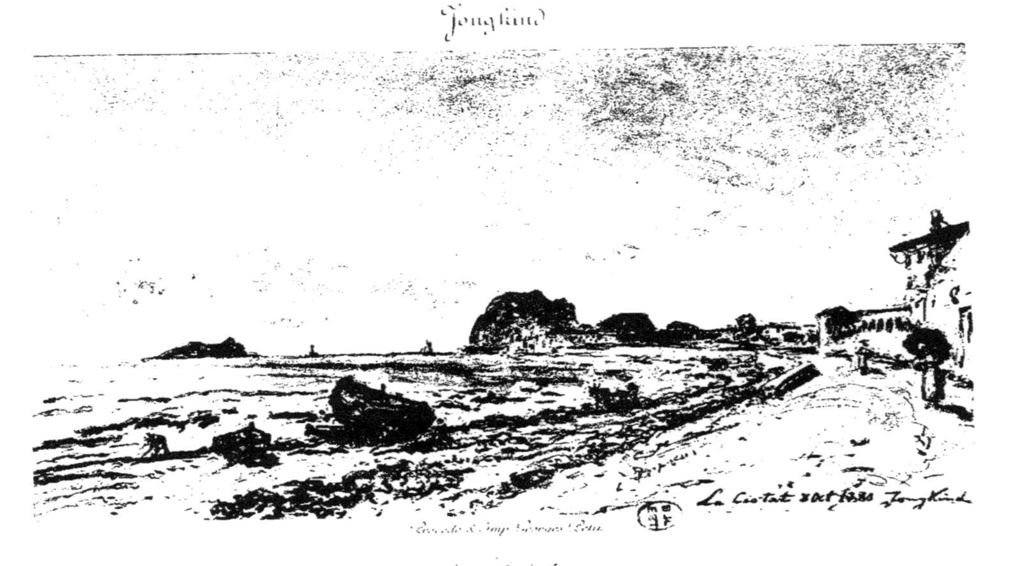

La Ciotat

JONGKIND

21 — *Une Entrée de hameau.*

Sur la route ensoleillée, au bas de la côte Saint-André, stationnent quelques femmes portant des enfants dans leurs bras; plus loin, un char trainé par deux bœufs.

A droite, une construction aux murs blancs, au toit de tuiles rouges; puis, à gauche, une haute colline couverte de massifs verdoyants.

Signé à gauche, en bas, et daté : *1877*.

Haut., 19 cent.; larg., 35 cent

JONGKIND

22 — *Patineurs sur un canal.*

A droite, émergeant d'un bois taillis tout couvert de neige, un moulin aux ailes immobiles; à gauche, sur le canal glacé, quelques patineurs se livrent à leur sport favori.

Signé à gauche, en bas, et daté : *1888.*

Haut., 17 cent.; larg., 25 cent.

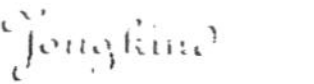

Jongkind

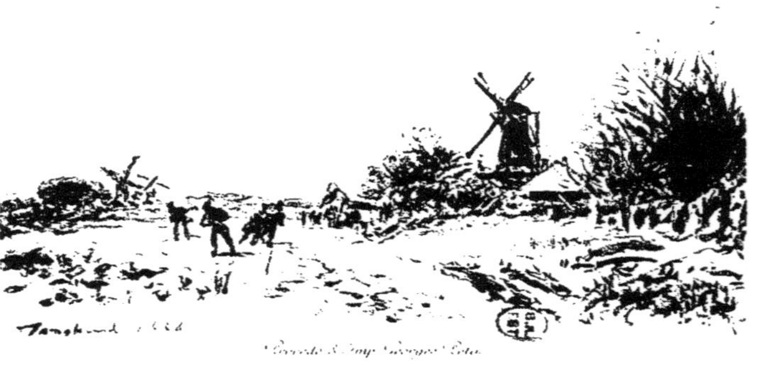

Patineurs sur un canal

JONGKIND

23 — *Un Affût pour la pêche au canard sur l'Escaut.*

Sur le canal, caché par de hautes herbes, des roseaux et des ajoncs, une cahute de bois a été construite sur pilotis.

Au fond, on aperçoit la haute structure d'un bateau à vapeur. A droite, d'autres bateaux encore, puis un bateau de pêche qui, toutes voiles dehors, navigue sur les eaux grises du canal.

A droite, en bas, le timbre de la vente.

Haut., 24 cent.; larg., 39 cent.

JONGKIND

24 — *Bateaux à l'ancre sur l'Escaut.*

Dans l'estuaire de l'Escaut sont amarrés, à droite, un trois-mâts à la masse imposante ; à gauche, plusieurs petits bateaux de pêche déploient leurs voiles à la brise du large.

Signé à droite, en bas.

Haut., 17 cent. ; larg., 31 cent.

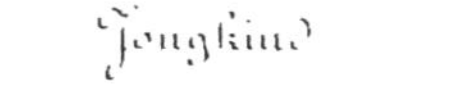

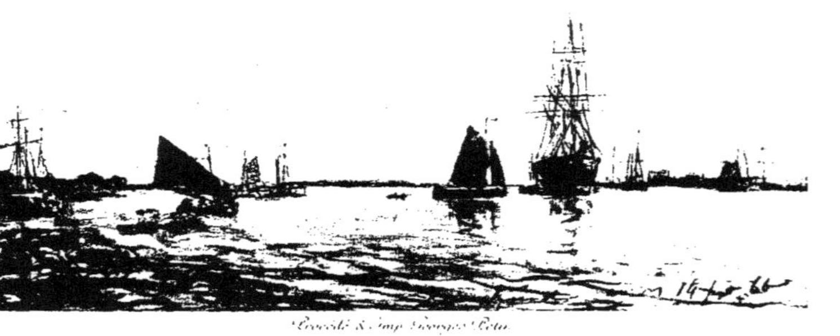

Procédé & Imp. Georges Petit.

Bateaux à l'ancre sur l'Escaut

JONGKIND

25 — *Le Moulin de Virieu.*

Dans la verte prairie, émaillée de fleurs et bordée de grands arbres, paissent quelques vaches.

A droite, un moulin au toit de tuiles, puis, bornant l'horizon, une haute colline entièrement boisée.

Signé à droite, en bas, et daté : *20 sept. 1877.*

Haut., 15 cent.; larg., 24 cent.

JONGKIND

26 — *Une Estacade sur l'Escaut.*

Sur les eaux grises courent de rapides bâtiments de pêche aux voiles brunes et blanches.

A droite, sur la grève aux herbes brûlées par le vent de mer, une estacade s'élève : un canot y est amarré.

Au ciel passent de gros nuages, précurseurs de la pluie prochaine.

Signé à gauche, en bas.

Haut., 23 cent.; larg., 34 cent.

Jongkind

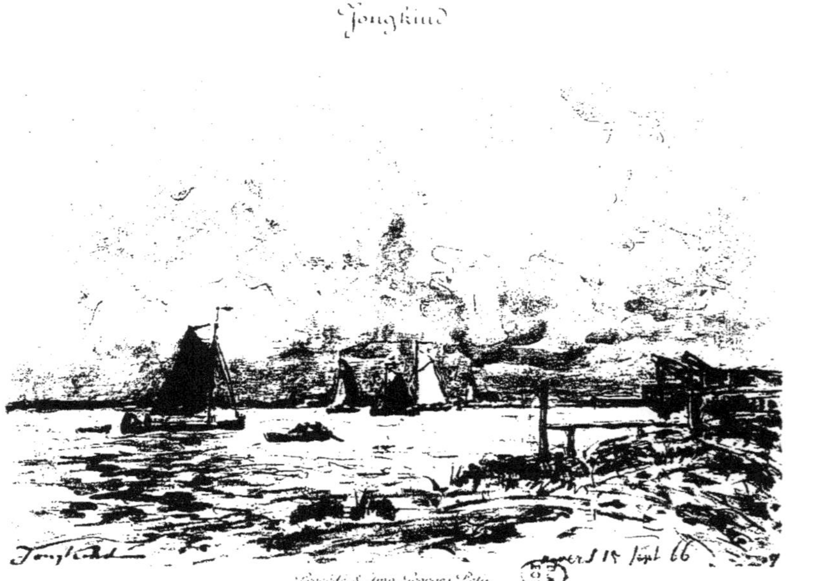

Procédé & Imp. Georges Petit

Une Estacade sur l'Escaut

JONGKIND

27 — *Le Lac.*

A gauche, sur un talus recouvert d'un épais gazon, on aperçoit un bouquet d'arbres; à droite, le lac aux eaux argentées dans lesquelles se reflètent les nuages blancs qui courent au ciel.

Signé à gauche, en bas, et daté : *1877*.

Haut., 14 cent.; larg., 24 cent.

JONGKIND

28 — *Soleil couchant sur l'Escaut.*

Sur le fleuve, dont les eaux se dorent aux rayons du soleil couchant, un brick français s'avance lentement, tandis qu'à l'horizon un vapeur rejette des torrents de fumée noire.

Signé à droite, en bas, et daté : *1885*.

Haut., 17 cent.; larg., 25 cent.

Jongkind

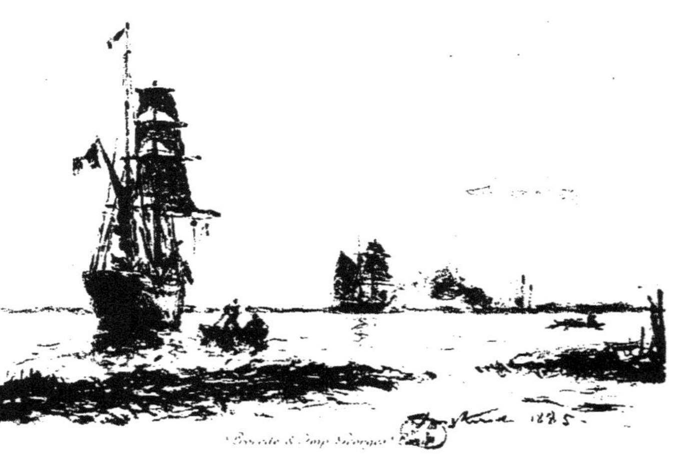

Soleil couchant sur l'Escaut

JONGKIND

29 — *Le Petit Chemin creux.*

Dans un chemin creux, au bout duquel on aperçoit une éclaircie sur la campagne, deux enfants sont arrêtés; à gauche, des arbres rabougris dressent dans le ciel leurs rameaux noircis.

Signé à droite, en bas, et daté : *1877*.

Haut., 9 cent.; larg., 15 cent.

JONGKIND

30 — *Vue de Narbonne.*

Au premier plan, le tour de ville sur lequel passent quelques promeneurs ; à gauche, les maisons de la vieille cité; puis, au fond, une tour des anciens remparts.

A droite, en bas, timbre de la vente.

Haut., 18 cent.; larg., 24 cent

Jongkind

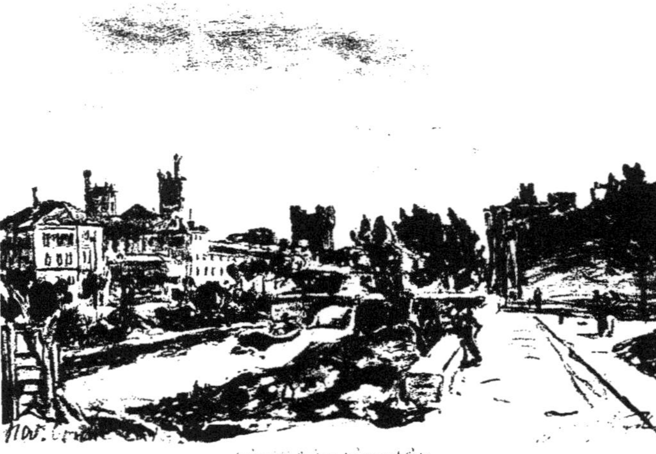

Vue de Narbonne

Jongkind

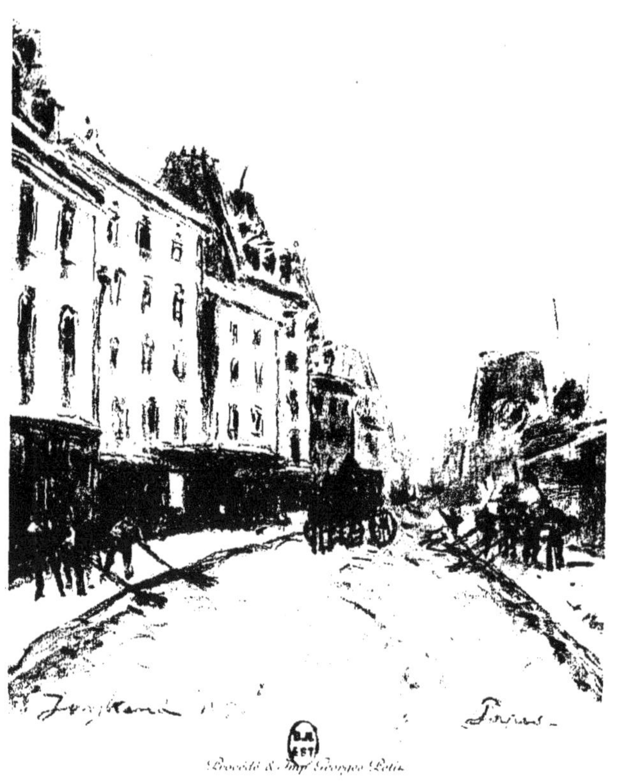

Procédé & Impr Georges Petit

Les Balayeurs de neige à Paris

JONGKIND

31 — *Les Balayeurs de neige, à Paris.*

Une rue du vieux Paris, avec ses maisons serrées les unes contre les autres, ses toits irréguliers, ses devantures multicolores.

A droite et à gauche, des balayeurs nettoient la chaussée couverte de neige, où piétine un fiacre qui s'avance d'un pas lent.

Signé à droite, en bas, et daté : *1879.*

Haut., 31 cent.; larg., 24 cent.

6

JONGKIND

32 — *L'Escaut, près Anvers.*

Au premier plan, un tertre gazonné près duquel est amarrée une barque montée par deux pêcheurs.

Au fond, une ligne d'arbres devant lesquels quelques bâtiments sont arrêtés.

A gauche, en bas, timbre de la vente.

Haut., 20 cent.; larg., 29 cent.

Jongkind

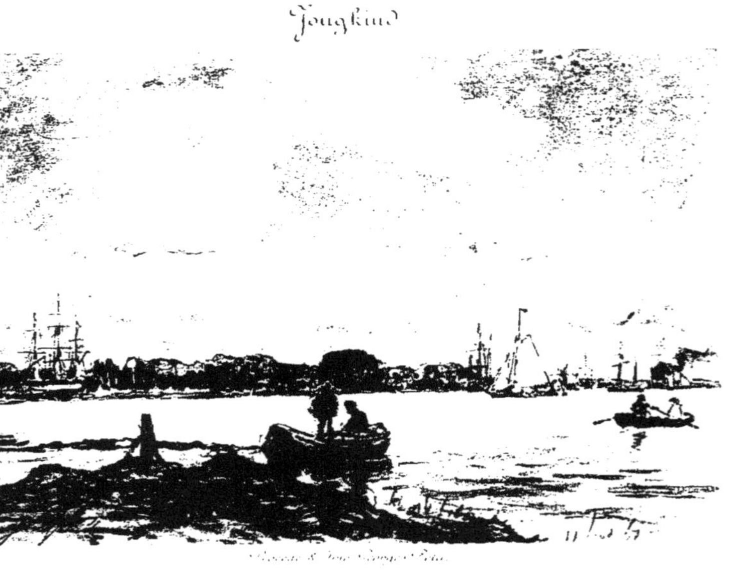

L'Escaut près Anvers

JONGKIND

33 — *Le Château de Virieu.*

Au premier plan, la route sur laquelle une charrette attelée est arrêtée ; au fond, le château de Virieu profile ses tours aux toits de tuiles dans le ciel bleu.

Signé à gauche, en bas, et daté : *1877*.

Haut., 16 cent.; larg., 26 cent

JONGKIND

34 — *Goëlette sur l'Escaut, près Anvers.*

Sur les eaux tranquilles du canal passe lentement une goélette dont les deux mâts, chargés de voiles brunes, se découpent vigoureusement sur le ciel.

A gauche, en bas, timbre de la vente.

Haut., 21 cent.; larg., 31 cent.

Jongkind

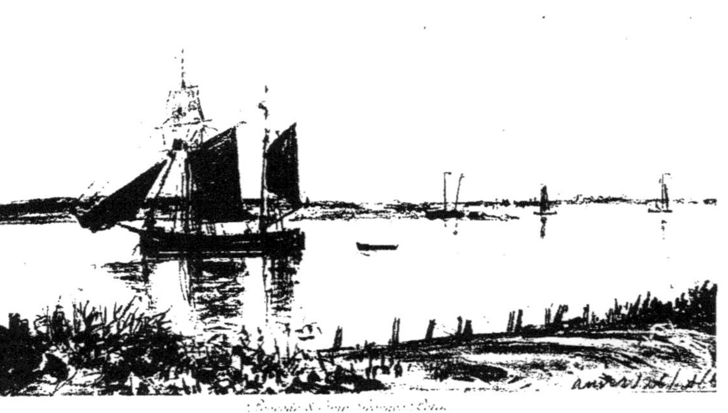

Goëlette sur l'Escaut près Anvers

JONGKIND

35 — *La Côte Saint-André en hiver.*

Sur la route toute blanche de neige, une charrette attelée de deux chevaux est arrêtée ; à gauche, au pied de grands arbres qui dressent dans le ciel gris leurs branches dépourvues de feuilles, une maison aux murs blancs.

A gauche, en bas : timbre de la vente.

Haut., 13 cent.; larg., 20 cent.

JONGKIND

36 — *Une Vieille Rue, à Rouen.*

A droite, on aperçoit un des côtés de l'église de Saint-Maclou, dont les murs de pierres brunes tranchent, par leur régularité tranquille, sur les antiques échoppes et les masures qui forment le côté gauche de la rue.

A gauche, sur le pas de sa porte, une vieille femme portant un panier à la main.

Signé à droite, en bas.

Haut., 54 cent.; larg., 32 cent.

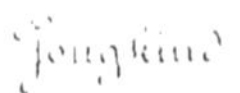

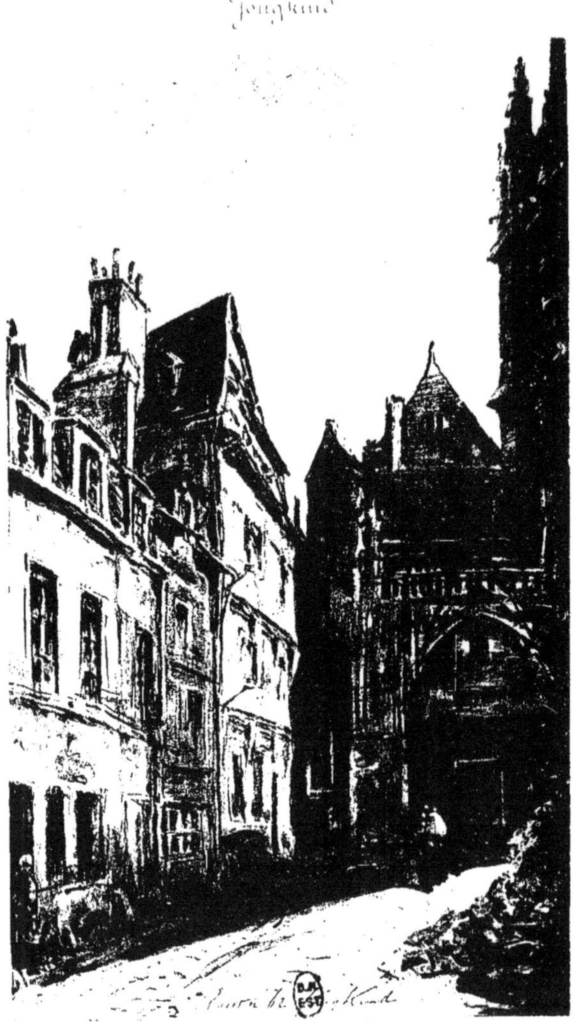

Procédé & Imp. Sauvage Paris

Une vieille rue à Rouen

JONGKIND

37 — *Les Alpes, près Grenoble.*

Au premier plan, la plaine immense que borde à l'horizon une chaine de hautes montagnes couvertes de neige ; à droite, une route aux ornières profondes, au sol détrempé, sur lequel va s'engager une charrette conduite par un paysan.

Signé à droite, en bas.

Haut., 10 cent.; larg., 24 cent.

JONGKIND

38 — *La Rade de Toulon.*

Au premier plan, la grève, dans les flaques d'eau de laquelle un pêcheur ramasse des coquillages ; au fond, la mer azurée, sur laquelle glissent légers deux bâtiments à voiles ; puis, fermant la rade, de hautes collines sur lesquelles le soleil accroche de jolies lumières dorées.

Signé à droite, en bas.

Haut., 27 cent.; larg., 58 cent.

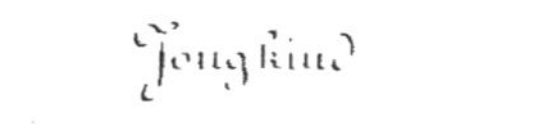

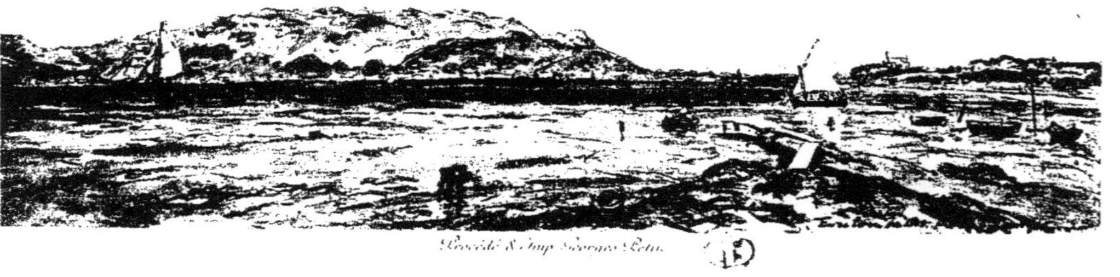

La Rade de Toulon

JONGKIND

39 — *La Maison du garde, en hiver.*

L'hiver a poudré à frimas toute la campagne : seuls émergent du blanc linceul quelques arbres rabougris et une maison de garde qu'on aperçoit à droite.

Signé à droite, en bas, et daté : *21 Janvier 1886.*

Haut., 16 cent.; larg., 25 cent.

JONGKIND

40 — *Une Droguerie, à Rouen.*

De vieilles maisons, aux devantures de toutes couleurs, forment les trois côtés de la petite place, au fond de laquelle on aperçoit, dans une éclaircie, le clocher d'une église.

A gauche, une diligence est arrêtée ; à droite, quelques marchands se tiennent sur le pas des portes, attendant le client.

Timbre de la vente, à gauche, en bas.

Haut., 27 cent.; larg., 37 cent.

Jongkind

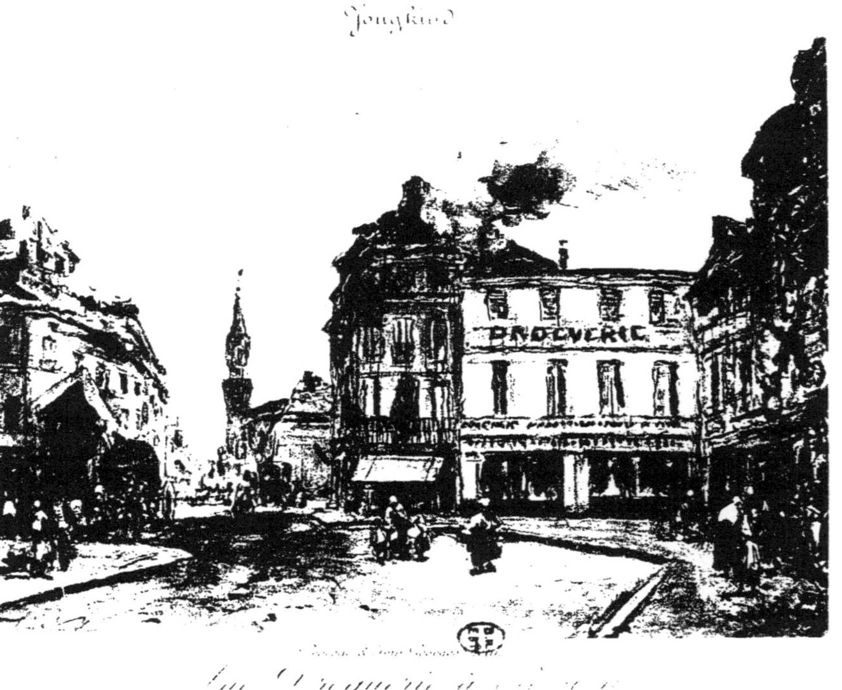

JONGKIND

41 — *La Ferme de Chevenou, près Nevers.*

Dans la plaine, bordée au fond par de hautes collines, s'élève une maisonnette au toit de tuiles grises; deux grands arbres, au feuillage ténu, l'abritent de leurs rameaux.

A gauche, près d'une charrette, un paysan à blouse bleue est arrété.

A gauche, en bas, timbre de la vente.

Haut., 23 cent.; larg., 38 cent.

JONGKIND

42 — *Quai, à Dordrecht.*

Sur le canal aux eaux glauques, passent, les voiles carguées, de nombreux chalands de commerce.

A droite, un quai, sur lequel s'élève une maison au toit de tuiles et des arbres au feuillage verdoyant.

Au fond, à l'horizon, sur le bord d'un canal un moulin à vent.

A droite, en bas, timbre de la vente.

Haut., 27 cent.; larg., 38 cent.

Jongkind

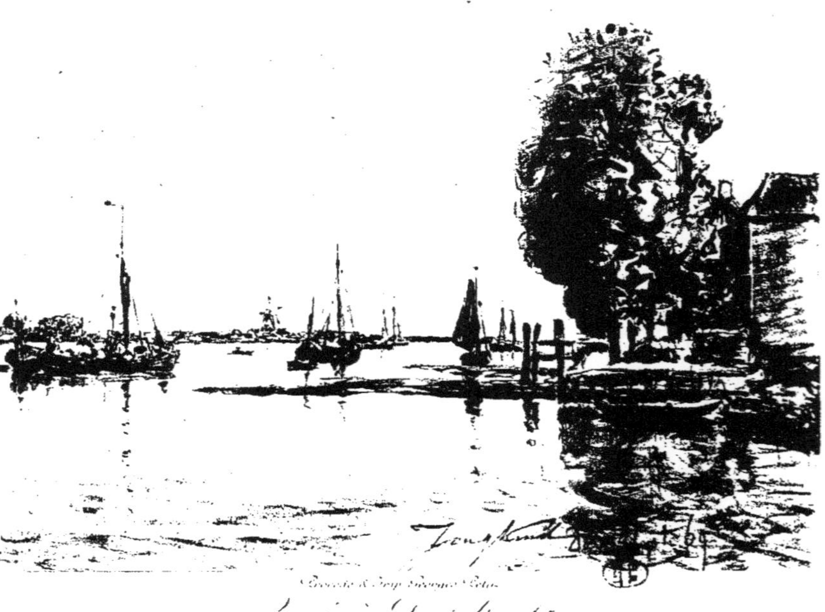

Quai à Dordrecht

JONGKIND

43 — *Le Phare et la Jetée de Honfleur.*

Au centre, au bout du môle qui s'avance dans la mer, le phare se dresse majestueux, bravant les ouragans et le vent du large, découpant sa silhouette grise sur le ciel où courent rapides de blanches nuées.

A droite, sur la grève, émergeant de la verdure, s'élève une grande bâtisse aux nombreuses fenêtres.

Signé à droite, en bas.

Haut., 16 cent.; larg., 25 cent.

JONGKIND

44 — *La Plage, à Poudreux.*

La grève où l'on aperçoit des flaques d'eau grises, puis quelques herbes roussies.

A gauche, deux pêcheurs, les jambes nues ; au fond, des barques échouées sur le sable.

Signé à gauche, en bas.

Haut., 23 cent., larg., 45 cent.

Jongkind

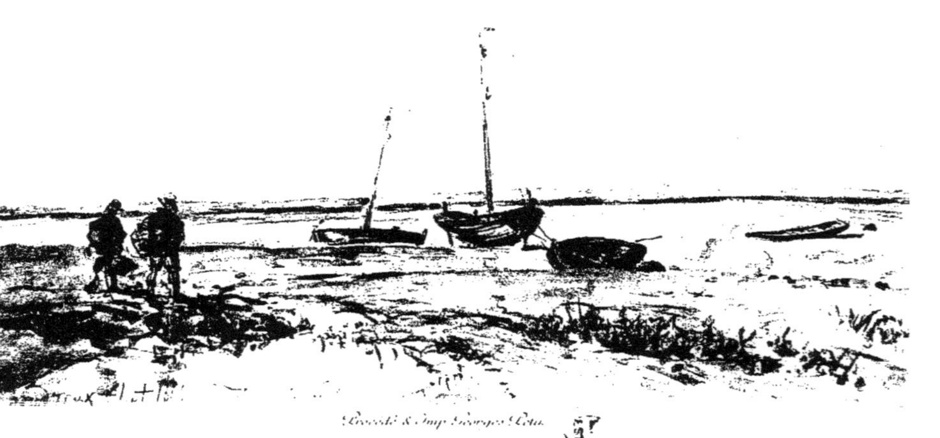

Procédé & Imp. Georges Petit

La Plage à [illegible]

JONGKIND

45 — *Les Terrasses du château de Virieu.*

Sur le verdoyant plateau, du haut duquel on aperçoit une chaine de hautes collines, puis, à l'horizon, une ligne de montagnes bleutées, quelques vaches brunes paissent.

A droite, les terrasses et le château de Virieu, dont les tourelles coiffées de toits de tuiles jaunes se découpent dans le ciel azuré.

Signé à gauche, en bas, et daté : *1877*.

Haut., 22 cent.; larg., 40 cent.

AQUARELLES

PAR

J.-B. Jongkind

Carte d'Entrée à l'Exposition particulière

HOTEL DROUOT, SALLE N° 6

Le Lundi 15 Décembre 1902

de 1 heure 1/2 à 5 heures 1/2

COMMISSAIRE-PRISEUR	EXPERT
Me PAUL CHEVALLIER	M. GEORGES PETIT

www.ingramcontent.com/pod-product-compliance
Ingram Content Group UK Ltd.
Pitfield, Milton Keynes, MK11 3LW, UK
UKHW021308190726
13839UKWH00007B/541